永昌道文化艺术丛书

國家藝術基金
CHINA NATIONAL ARTS FUND

国家艺术基金 2016 年度美术、书法、摄影创作人才滚动资助项目作品

作品编号：16G14MS47-01-103

边地行走
——探索失落的南方丝绸古道

范南丹 著

保山市文化广播电视新闻出版局组编

知识产权出版社
全国百佳图书出版单位

图书在版编目（CIP）数据

边地行走：探索失落的南方丝绸古道 / 范南丹著．— 北京：知识产权出版社，2019.3

（永昌道文化艺术丛书 / 艾怀森主编）

ISBN 978-7-5130-6120-9

Ⅰ．①边… Ⅱ．①范… Ⅲ．①丝绸之路—文化史—南方地区—图集 Ⅳ．① K203-64

中国版本图书馆 CIP 数据核字 (2019) 第 035071 号

责任编辑：龙　文　　　　责任校对：王　岩

装帧设计：王洪卫　　　　责任印制：刘译文

边地行走
——探索失落的南方丝绸古道

范南丹　著

出版发行：知识产权出版社有限责任公司　　网　址：http://www.ipph.cn

社　址：北京市海淀区气象路 50 号院　　邮　编：100081

责编电话：010-82000860 转 8123　　责编邮箱：longwen@cnipr.com

发行电话：010-82000860 转 8101/8102　　发行传真：010-82000893/82003279

印　刷：三河市国英印务有限公司　　经　销：各大网上书店、新华书店及相关专业书店

开　本：889mm × 1230mm　1/16　　印　张：13

版　次：2019 年 3 月第 1 版　　印　次：2019 年 3 月第 1 次印刷

字　数：120 千字　　定　价：150.00 元

ISBN 978-7-5130-6120-9

总策划

艾怀森　　许　强　　穆梓旺　　李彦霓

策　划

张　华　　郝连芬　　杨宏涛　　张蔚佳　　邵立清

苏朝北　　杨茂森　　徐名高　　罗英华　　马　静

序 /

北方丝绸之路久负盛名，而地处西南的南方丝绸之路却相对低调了许多，尽管它比北方丝绸之路开通还早两个世纪。相对于北方丝绸之路，南方丝绸之路在近半个世纪的时间里几乎淡出了人们的视野，但在学者的眼中，它完全可以和北方丝绸之路相媲美。

南方丝绸之路是一条连接东亚至南亚、西亚进而到达欧洲的陆上国际通道，它的年代可以回溯到 2400 多年前，这只是有史料可考的年代；而在成都平原的三星堆和金沙遗址里，南方丝绸之路的起源可追溯到 3600 多年前的古蜀国时期。它从陆路到海路的交通，沟通国家之广，到达的地点辐射之广；它所交易的货物多种多样，不止丝绸；它在悠远年代里的影响之大，也是无法估量的。

南方丝绸之路有过辉煌的过去，在历史长河中，为内地与边疆，西南通往缅甸、印度的经济文化交流发挥过重要作用。它曾经如此辉煌，五尺道、灵关道、永昌道、缅印通道、人声熙攘；口岸埠头，繁华鼎沸；崇山峻岭，马帮叮当。各种货品通过人背马驮，通过海路船载，在西南周边与各国沟通交流。斗转星移，岁月交替，如今南方丝绸之路沿线大部分古道村落已淹没在岁月的风雨之中，但一些雄关险隘，诗联题刻，古桥驿站，骡马蹄印，至今留下深深的历史痕迹。这些历史遗迹见证了南方丝绸古道的辉煌和衰落。

从十多年前开始，我的脚步追寻着南方丝绸古道的踪迹，沿着南方丝绸之路的古老文明的走向，用镜头记录着古道遗迹的深度和厚度。2006 年，当我再一次来到位于澜沧江峡谷的兰津古渡霁虹桥时，下游电站正在筑坝蓄水，随着水位的上涨，南方丝绸古道重要节点兰津古渡霁虹桥和保留了近五百多年的摩崖石刻即将随着江水的上涨不复存在，而在兰津古渡霁虹桥的上方，中缅铁路大瑞段和中缅输油管道即将开工建设，铁路和中缅油气管道都即将从南方丝绸古道经过的澜沧江峡谷而过，向着遥远的缅甸乃至印度延伸。兰津古渡完成了它的使命，它所处的地方即将发生翻天覆地的变化，作为一个身负使命的摄影人，我有责任用手中的镜头记录下这即将消失的、伴随着我们祖祖辈辈生活的文明痕迹。带着一颗谦卑的心，我相信、尊重、寻找，多少次上路……历尽沧桑的古道古桥、恬静古老的驿站古镇、流传千年的传统老手艺……我知道，最具古典意义上的中国，就隐藏在这条看似平凡却穿越千年的古道上。

“你能看到多远的过去，你就能看到多远的未来”“拍摄过去就是为了印证今天”“每一个摄影师都是一块土地的孩子”。秉承着这些理念，我一次次踏上古老的南方丝绸古道，痴迷流连在那些“名不见经传”的村庄和山间密林，从繁华的平原到荒无人烟海拔 3600 多米的高山，从金沙江到澜沧江、怒江再到缅甸伊洛瓦底江……记录下这些即将离我们远去的跨世纪古老文明，用影像的方式留住我们曾经的乡愁，给日新月异、飞速发展的时代留下一个完整的影像文本，让观者在看照片的过程中体验穿梭时空隧道的愉悦。

目录 /

探索失落的南方丝绸古道 /

國家藝術基金
CHINA NATIONAL ARTS FUND

四川·广汉·三星堆遗址博物馆南方丝绸之路零公里起点

國家藝術基金
CHINA NATIONAL ARTS FUND

四川・成都・金沙遗址博物馆

四川 • 广汉 • 三星堆遗址博物馆

國家藝術基金
CHINA NATIONAL ARTS FUND

四川·成都·金沙遗址博物馆金面具

國家藝術基金
CHINA NATIONAL ARTS FUND

四川 • 成都

國家藝術基金
CHINA NATIONAL ARTS FUND

四川·成都·蜀锦织绣博物馆

國家藝術基金
CHINA NATIONAL ARTS FUND

四川・成都・川戏表演

國家藝術基金
CHINA NATIONAL ARTS FUND

四川 • 成都 • 文殊坊

國家藝術基金
CHINA NATIONAL ARTS FUND

四川 • 双流 • 金华庵

國家藝術基金
CHINA NATIONAL ARTS FUND

四川·成都·汉昭烈庙刘备殿

國家藝術基金
CHINA NATIONAL ARTS FUND

四川 • 成都 • 南方丝绸之路纪念公园

國家藝術基金
CHINA NATIONAL ARTS FUND

四川 • 双流 • 黄龙溪

國家藝術基金
CHINA NATIONAL ARTS FUND

四川·双流·彭镇老茶馆

国家藝術基金
CHINA NATIONAL ARTS FUND

四川・邛崃・川南第一桥

國家藝術基金
CHINA NATIONAL ARTS FUND

四川 • 邛崃 • 文君井

国家艺术基金
CHINA NATIONAL ARTS FUND

四川·邛崃·平乐古镇

國家藝術基金
CHINA NATIONAL ARTS FUND

四川 • 邛崃 • 骑龙山古道

國家藝術基金
CHINA NATIONAL ARTS FUND

四川・雅安・上里古镇二仙桥

國家藝術基金
CHINA NATIONAL ARTS FUND

四川・芦山・青龙关遗址

四川·芦山·曾任永昌长史（今云南保山）樊敏碑

国家藝術基金
CHINA NATIONAL ARTS FUND

四川·汉源·清溪古镇

国家藝術基金
CHINA NATIONAL ARTS FUND

四川·汉源·清溪古镇城墙

四川 • 汉源 • 九襄古镇节孝石牌坊

國家藝術基金
CHINA NATIONAL ARTS FUND

四川·荥经·砂器制作手艺人胥文强

國家藝術基金
CHINA NATIONAL ARTS FUND

四川・汉源・九襄古镇

國家藝術基金
CHINA NATIONAL ARTS FUND

四川·甘洛·海棠古镇千佛寺『汉夷』石刻碑

國家藝術基金
CHINA NATIONAL ARTS FUND

四川·越西·零关古道

國家藝術基金
CHINA NATIONAL ARTS FUND

四川・冕宁・孙水关遗址

國家藝術基金
CHINA NATIONAL ARTS FUND

四川 • 越西 • 小山古道

國家藝術基金
CHINA NATIONAL ARTS FUND

四川·越西·彝族青年曲秋

国家藝術基金
CHINA NATIONAL ARTS FUND

四川·喜德·明朝登相营遗址

国家艺术基金
CHINA NATIONAL ARTS FUND

四川・凉山・布拖彝族火把节

四川·西昌·邛海

國家藝術基金
CHINA NATIONAL ARTS FUND

四川・西昌・礼州古镇

國家藝術基金
CHINA NATIONAL ARTS FUND

四川 • 西昌 • 老城门

國家藝術基金
CHINA NATIONAL ARTS FUND

四川·会理·古城

四川·会理·鱼鲊渡口

四川·会理·制秤人汤永春

國家藝術基金
CHINA NATIONAL ARTS FUND

四川·会理·制陶传承人蔡德良

國家藝術基金
CHINA NATIONAL ARTS FUND

四川・眉山・三苏祠

四川・新都・杨升庵祠

國家藝術基金
CHINA NATIONAL ARTS FUND

四川 • 乐山

國家藝術基金
CHINA NATIONAL ARTS FUND

四川・乐山大佛

國家藝術基金
CHINA NATIONAL ARTS FUND

四川・夹江・千佛岩

國家藝術基金
CHINA NATIONAL ARTS FUND

四川·犍为·罗城古镇

四川·犍为·岷江

國家藝術基金
CHINA NATIONAL ARTS FUND

四川·宜宾·老码头

星球医家
杨华西
世界奇迹3—8度世界独创
神降太阳高温神奇十三亿人梦想
3—8度
杨华西全家一生有
任何意外发生便是
特异功能所害。

四川・宜宾・横江古镇茶馆

國家藝術基金
CHINA NATIONAL ARTS FUND

四川·宜宾·云南会馆

國家藝術基金
CHINA NATIONAL ARTS FUND

四川・宜宾・南广古镇

國家藝術基金
CHINA NATIONAL ARTS FUND

四川 • 宜宾 • 李庄古镇

國家藝術基金
CHINA NATIONAL ARTS FUND

四川 • 宜宾 • 五粮液酒厂

國家藝術基金
CHINA NATIONAL ARTS FUND

四川·宜宾·合江门码头

國家藝術基金
CHINA NATIONAL ARTS FUND

四川・自贡・燊海井制盐

國家藝術基金
CHINA NATIONAL ARTS FUND

四川·自贡·古盐道

國家藝術基金
CHINA NATIONAL ARTS FUND

云南·盐津·豆沙关五道并存

云南·盐津·豆沙关

國家藝術基金
CHINA NATIONAL ARTS FUND

云南·盐津·僰人悬棺

国家艺术基金
CHINA NATIONAL ARTS FUND

云南·大关·古道

國家藝術基金
CHINA NATIONAL ARTS FUND

云南·鲁甸·江底古桥

国家藝術基金
CHINA NATIONAL ARTS FUND

云南·大关·黄葛桥

國家藝術基金
CHINA NATIONAL ARTS FUND

贵州 • 威宁 • 民间赛马

國家藝術基金
CHINA NATIONAL ARTS FUND

贵州・威宁・彝族“撮泰吉”

國家藝術基金
CHINA NATIONAL ARTS FUND

云南·会泽·江西会馆

國家藝術基金
CHINA NATIONAL ARTS FUND

云南・会泽・钱王广场

国家艺术基金
CHINA NATIONAL ARTS FUND

云南·宣威·可渡古桥

國家藝術基金
CHINA NATIONAL ARTS FUND

云南・宣威・观音会

国家藝術基金
CHINA NATIONAL ARTS FUND

云南・宣威・可渡古道

国家藝術基金
CHINA NATIONAL ARTS FUND

云南·宣威·可渡古道

國家藝術基金
CHINA NATIONAL ARTS FUND

云南·沾益·松林村

國家藝術基金
CHINA NATIONAL ARTS FUND

云南·曲靖·爨宝子碑亭

国家艺术基金
CHINA NATIONAL ARTS FUND

云南 • 澄江 • 关索戏

关索戏流传于云南省澄江县阳宗镇小屯村，每年农历正月初一到十六都要演唱关索戏，世代相传至今。

关索戏表演的是三国蜀汉南征的故事，剧目内容都是颂扬蜀汉功绩的。演出形式已具备戏剧形态，剧中人物有唱有白，有武打，保留了说唱文学的痕迹。突出的特征是剧中人物都戴有二十个象征神的面具，表现的是蜀汉人物和与之相关的传说人物。

关索戏兼备娱神与娱人两种功能，澄江关索戏属于傩戏大家族中的军傩系列，是南方丝绸之路上独特而稀有的傩戏剧种。

云南 · 澄江 · 关索戏

國家藝術基金
CHINA NATIONAL ARTS FUND

云南・昆明・东寺街

國家藝術基金
CHINA NATIONAL ARTS FUND

云南·昆明·东寺塔

國家藝術基金
CHINA NATIONAL ARTS FUND

云南·昆明·官渡古镇

國家藝術基金
CHINA NATIONAL ARTS FUND

云南·昆明·滇戏

國家藝術基金
CHINA NATIONAL ARTS FUND

云南・禄丰・炼象关古道

國家藝術基金
CHINA NATIONAL ARTS FUND

云南·禄丰·炼象关

國家藝術基金
CHINA NATIONAL ARTS FUND

云南 • 禄丰 • 黑井古镇彝族左脚舞

國家藝術基金
CHINA NATIONAL ARTS FUND

云南·大姚·石羊古镇晒盐棚

云南 • 南华 • 天申堂古道

国家艺术基金
CHINA NATIONAL ARTS FUND

云南・南华・灵官桥

國家藝術基金
CHINA NATIONAL ARTS FUND

云南・祥云・云南驿古镇

云南·祥云·云南驿古镇

國家藝術基金
CHINA NATIONAL ARTS FUND

云南·祥云·新房“奠土”仪式

云南·祥云·云南驿喜宴

国家艺术基金
CHINA NATIONAL ARTS FUND

云南·弥渡·县城全景

云南弥渡是南方丝绸古道经过的重要驿站，跳花灯是弥渡村民自娱自乐的节庆活动载体。在弥渡，村村有灯班，处处跳花灯，几代人都跳花灯的花灯世家比比皆是。特别是密祉乡的元宵灯会更是弥渡花灯的浓缩与概括，是国内现存规模最大的原生态花灯灯会，具有花灯文化活化石的作用。

云南弥渡花灯体现了人类古老的自然崇拜及对道教、佛教、儒教各种宗教思想意识的崇拜，传承着悠久的社祭文化，蕴含着众多的历史信息和记忆。

云南·弥渡·密祉跳花灯

國家藝術基金
CHINA NATIONAL ARTS FUND

云南・弥渡・鸟道雄关

云南·永平·花桥古村老宅

國家藝術基金
CHINA NATIONAL ARTS FUND

云南・巍山・巍山古城

國家藝術基金
CHINA NATIONAL ARTS FUND

云南・巍山・火把节

云南·宾川·白族接本主

云南大理青索村一年一度最隆重的节日就是海灯会，相传当年诸葛亮南征到此，因弥苴河挡道，遂令将士结藤索渡河。每年农历的七月十五，世居此地的白族村民从四面八方聚集到青索桥周围，弥苴河两岸。桥上悬挂着五彩缤纷的祭祀用品，老人在此颂经、焚香，祈祷风调雨顺，五谷丰登，缅怀先辈。傍晚，男女老少，满怀虔诚之心，许下心愿，点燃一盏盏精美的海灯，放入弥苴河中，任其顺流而下。

國家藝術基金
CHINA NATIONAL ARTS FUND

云南·大理·青索村“海灯会”

國家藝術基金
CHINA NATIONAL ARTS FUND

云南・大理・龙尾关

國家藝術基金
CHINA NATIONAL ARTS FUND

云南·云龙·“八三”骡马会

國家藝術基金
CHINA NATIONAL ARTS FUND

云南·漾濞·云龙桥

國家藝術基金
CHINA NATIONAL ARTS FUND

云南・云龙・青云桥

國家藝術基金
CHINA NATIONAL ARTS FUND

云南·云龙·诺邓古村

云南 • 云龙 • 通京桥

國家藝術基金
CHINA NATIONAL ARTS FUND

云南・云龙・藤桥

国家艺術基金
CHINA NATIONAL ARTS FUND

云南·云龙·惠民桥

国家艺术基金
CHINA NATIONAL ARTS FUND

云南 • 永平 • 叫狗山村古道

國家藝術基金
CHINA NATIONAL ARTS FUND

云南·永平·『万马归槽』古道

国家藝術基金
CHINA NATIONAL ARTS FUND

云南・永平・曲硐昔日赶马人马国周

國家藝術基金
CHINA NATIONAL ARTS FUND

云南・永平・花桥村马店后裔高培兰

國家藝術基金
CHINA NATIONAL ARTS FUND

云南·永平·山区马帮人家

云南·永平·元代古梅

國家藝術基金
CHINA NATIONAL ARTS FUND

云南·永平·博南山永国寺及博南山碑

国家藝術基金
CHINA NATIONAL ARTS FUND

云南·永平·博南山杨公祠遗址

云南·永平·杉阳古镇

國家藝術基金
CHINA NATIONAL ARTS FUND

云南 · 永平 · 凤鸣桥

國家藝術基金
CHINA NATIONAL ARTS FUND

云南·永平·南方丝绸古道『博南道』

云南·永平·江顶寺遗址

國家藝術基金
CHINA NATIONAL ARTS FUND

云南 • 永平 • 江顶寺

国家艺術基金
CHINA NATIONAL ARTS FUND

云南·保山·南方丝绸古道经过的澜沧江峡谷·2018

國家藝術基金
CHINA NATIONAL ARTS FUND

云南・保山・兰津古渡摩崖石刻・2004

國家藝術基金
CHINA NATIONAL ARTS FUND

云南・保山・兰津古渡霁虹桥・2004

國家藝術基金
CHINA NATIONAL ARTS FUND

云南·保山·古道“梯云路”

國家藝術基金
CHINA NATIONAL ARTS FUND

云南·保山·水寨平坡村

國家藝術基金
CHINA NATIONAL ARTS FUND

云南·保山·古道“梯云路”棋盘石

國家藝術基金
CHINA NATIONAL ARTS FUND

云南·保山·李根源题书石刻

云南·保山·山区马帮人家

云南·保山·马成和『走夷方』爷爷的合影

國家藝術基金
CHINA NATIONAL ARTS FUND

云南·保山·金鸡马鞍制作人姬仕成

国家艺术基金
CHINA NATIONAL ARTS FUND

云南 · 保山 · 金鸡古戏台

國家藝術基金
CHINA NATIONAL ARTS FUND

云南·保山·犁耙会

國家藝術基金
CHINA NATIONAL ARTS FUND

云南·保山·金鸡非物质文化遗产传承人姬从鹏

國家藝術基金
CHINA NATIONAL ARTS FUND

云南 • 保山 • 仁寿门

走进板桥青龙街，长长的青石板铺路，古道风貌犹存，老式店铺林立，家家铺柜相连，并不宽大的门面只是做些寻常生意，后院才是庭院深深，小小院子里兰花、桂花、文竹、海棠、石山……处处花香鸟语，老屋房檐紧紧相连，老旧的家具在正午一束光的投射下散发着时代的油光，板壁上挂着主人年轻时远行的黑白照片和久远的荣誉证书，一位老先生手持毛笔，正在为邻里书写对联……这些亦商亦家独具特色的店铺，记录着这条老街的历史，铭刻着老街成长的痕迹。

國家藝術基金
CHINA NATIONAL ARTS FUND

云南・保山・板桥古镇

云南保山隆阳香童戏属于傩戏，它从中原传入，融合当地巫傩文化逐渐形成。今天的香童戏除了保存有古老的“傩舞”的成分外，明、清时期经过几次改良，在发展变化中吸收了滇戏、花灯等艺术表演形式，多种艺术形式融会贯通，使傩戏的唱腔更贴近当地生活，为当地群众喜闻乐见。

香童戏保持着逐瘟邪、保平安、求顺利等美好愿望，行傩在以家庭为表演单位的民间文化活动氛围中心灵得到安慰，家庭变得祥和，村寨变得宁静，人与自然的关系变得和睦融洽。

國家藝術基金 CHINA NATIONAL ARTS FUND

云南・保山・香童戏

“擦大钹”是流传在云南保山隆阳区南方丝绸古道沿线山区彝族村寨的一种集舞蹈、武术、杂耍、打击乐演奏于一身的民间舞蹈。

在民间，“擦大钹”的应用非常广泛。当地村民讨亲嫁女、建房乔迁、超度亡灵、老人去世、二月初八“姑娘节”等都少不了要请大钹班子到家中来表演一场，遇喜事时，“擦大钹”可以为喜事增添喜庆气氛，喜上加喜。遇丧事时，“擦大钹”可以为死者“理魂指路”“超度升天”。在节日婚丧嫁娶中，“擦大钹”可以迅速制造喜庆的氛围，渲染欢乐祥和的情绪。所以，大钹班子走到哪里，都受到人们的欢迎和尊重。

国家艺术基金
CHINA NATIONAL ARTS FUND

云南・保山・山乡钹舞

國家藝術基金
CHINA NATIONAL ARTS FUND

云南・保山・蒲缥“七十六蹬坎”古道及大花桥

國家藝術基金
CHINA NATIONAL ARTS FUND

云南·保山·古道『哑泉』

云南・保山・古道边的杨柳玛瑙山

国家艺術基金
CHINA NATIONAL ARTS FUND

云南·保山·怒江“惠人桥”

國家藝術基金
CHINA NATIONAL ARTS FUND

云南 · 施甸 · 龙会

从泛神的远古时代开始，龙就是中国古代先民的图腾崇拜。耍龙，更是对来年风调雨顺、五谷丰登的美好祈愿。在云南施甸太平村、龙洞村、仁和勒平村、五楼村三沟头，每年农历二月初七、十一、十五、十八几个特别的日子，群龙聚首，村民狂欢，无需官方组织，每年龙事一起，村民各司其职，上万名群众参与。敬龙神，也就是敬自然之神，把一份对自然的敬畏通过酣畅淋漓的舞动表现到极致。

云南·施甸·龙会

云南 • 保山 • 怒江双虹桥

国家艺术基金
CHINA NATIONAL ARTS FUND

云南·保山·怒江勐古渡口

国家艺术基金 CHINA NATIONAL ARTS FUND

云南·保山·古道杜鹃红

國家藝術基金
CHINA NATIONAL ARTS FUND

云南·保山·高黎贡山古道

国家艺术基金
CHINA NATIONAL ARTS FUND

云南·保山·高黎贡山永定古桥

國家藝術基金
CHINA NATIONAL ARTS FUND

云南·保山·高黎贡山南斋公房

國家藝術基金
CHINA NATIONAL ARTS FUND

云南・腾冲・龙川江古桥

国家艺术基金
CHINA NATIONAL ARTS FUND

云南 • 腾冲 • 太平铺烽火台

國家藝術基金
CHINA NATIONAL ARTS FUND

云南·腾冲·龙川江古桥

云南·腾冲·龙安桥

云南·腾冲·油纸伞制作非物质文化遗产传承人郑映海

國家藝術基金
CHINA NATIONAL ARTS FUND

云南·龙陵·油纸伞制作非物质文化遗产传承人王立魁

國家藝術基金
CHINA NATIONAL ARTS FUND

云南・腾冲・马鞍制作手艺人陈德然

國家藝術基金
CHINA NATIONAL ARTS FUND

云南·龙陵·制陶手艺人

國家藝術基金
CHINA NATIONAL ARTS FUND

云南·腾冲·顺江古桥

国家艺术基金
CHINA NATIONAL ARTS FUND

云南・腾冲・野猪箐桥

國家藝術基金
CHINA NATIONAL ARTS FUND

云南 · 腾冲 · 耍龙灯

國家藝術基金
CHINA NATIONAL ARTS FUND

云南·腾冲·荷花甘蔗寨佤族清戏

云南 • 腾冲 • 马帮驮来的边城腾冲

国家艺术基金
CHINA NATIONAL ARTS FUND

云南 • 腾冲 • 和顺古镇

國家藝術基金
CHINA NATIONAL ARTS FUND

云南・腾冲・和顺古桥

国家艺术基金
CHINA NATIONAL ARTS FUND

云南·腾冲·镇夷关古桥

云南腾冲李家寨皮影戏班由李茂国、李朝旺、李树国、李家国等七位师傅组成。每年春节过后，他们便走村串寨，应邀到周边各村演出，在为期三天的祈福仪式中，不管有没有观众看皮影戏表演，皮影戏都要上演，皮影戏在当地百姓心目中是人与自然界一切神灵沟通的媒介，一个村庄只有演过了皮影戏，村寨就会得以平安，风调雨顺，五谷丰登，使人心神怡悦，皮影戏这种人神沟通的信仰习俗，也使李家寨皮影戏得以完整保留和传承。

國家藝術基金
CHINA NATIONAL ARTS FUND

云南・腾冲・皮影戏

國家藝術基金
CHINA NATIONAL ARTS FUND

云南・腾冲・江苴古镇

云南·龙陵·古法制红糖

云南·腾冲·傈僳族刀杆节

國家藝術基金
CHINA NATIONAL ARTS FUND

云南・腾冲・清水古道

國家藝術基金
CHINA NATIONAL ARTS FUND

云南 • 腾冲 • 藤桥

國家藝術基金
CHINA NATIONAL ARTS FUND

云南·芒市·泼水节

國家藝術基金
CHINA NATIONAL ARTS FUND

云南·陇川·“目瑙纵歌”节

傣剧是云南独具特色的少数民族戏曲剧种之一，流传于云南省德宏傣族景颇族自治州潞西、盈江、瑞丽、陇川、梁河等县，迄今已有一百多年历史。

1880 年，盈江土司刀盈廷将汉族的京剧、川剧、滇剧剧本让傣族知识分子翻译成傣语，搬上舞台。1910 年，刀盈廷的儿子刀安仁从日本留学回乡，组建了第一个傣剧专业剧团，专门派演员到腾冲、昆明去学滇戏，又请滇戏艺人到盈江教戏。傣剧受到汉族剧种的很大影响，融合了川剧和滇戏的锣、鼓、钹等乐器，男角多穿汉族古戏装，女角保持傣女装，唱腔则仍保持着傣族音乐的特点。

盈江芒允是南方丝绸之路出缅甸的重要通道之一，曾经非常繁华和热闹，芒允傣戏也因为处于南方丝绸之路的重要节点而兴盛不衰。

云南·盈江·芒允古镇傣族开门祈福

國家藝術基金
CHINA NATIONAL ARTS FUND

云南·瑞丽·点灯节

國家藝術基金
CHINA NATIONAL ARTS FUND

云南·盈江·万仞关遗址

國家藝術基金
CHINA NATIONAL ARTS FUND

缅甸·密支那·缅甸华人董诗月姐弟

國家藝術基金
CHINA NATIONAL ARTS FUND

缅甸·密支那·缅甸华人寸待伟一家

缅甸·密支那·和尚化缘

國家藝術基金
CHINA NATIONAL ARTS FUND

缅甸·密支那·缅甸华人方明安

國家藝術基金
CHINA NATIONAL ARTS FUND

缅甸·密支那·伊洛瓦底江湾莫码头

國家藝術基金
CHINA NATIONAL ARTS FUND

缅甸·密支那·火车站

缅甸·内比都·高速公路

國家藝術基金
CHINA NATIONAL ARTS FUND

缅甸·佛都古城蒲甘

缅甸·曼德勒

國家藝術基金
CHINA NATIONAL ARTS FUND

缅甸·佛都古城蒲甘

国家艺术基金
CHINA NATIONAL ARTS FUND

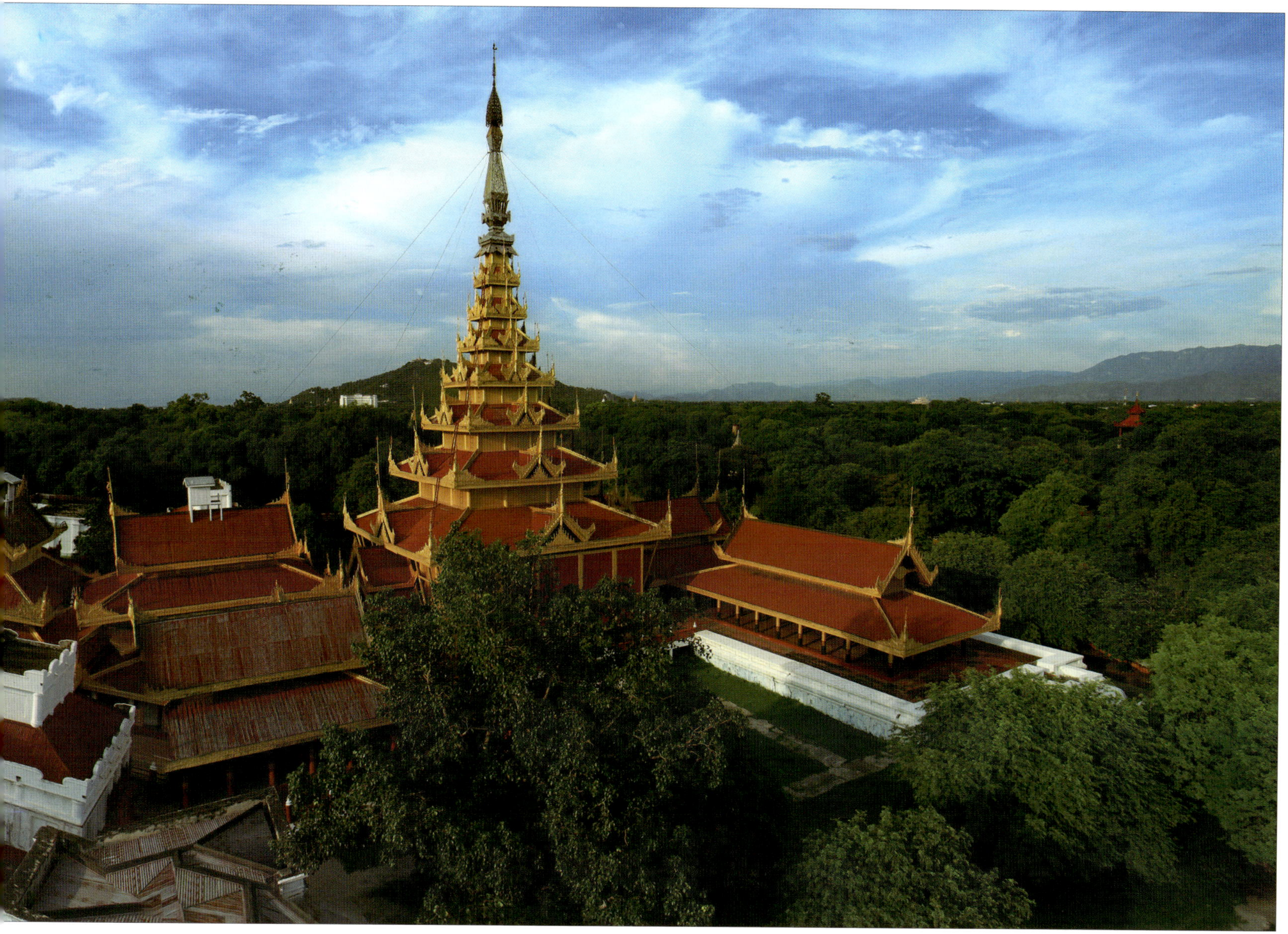

缅甸·曼德勒王宫

國家藝術基金
CHINA NATIONAL ARTS FUND

岁月无声·古道留痕

艺术简历 /

范南丹 / Fan Nandan

中国摄影著作权协会会员
云南省摄影家协会会员
保山市摄影家协会副主席
新华社"中国图片总汇"签约摄影师
保山日报社主任记者
保山市文化专家服务团文化分团文化顾问
2014 年保山市宣传文化"四个一批"人才
2016 年入选中国国家画院"当代艺术家档案库"艺术家
2018 年入选保山"永昌文化名家"

展览

2018 《边地行走——探索失落的南方丝绸古道》在中国摄影展览馆参加"中国艺术新视界 2018"——国家艺术基金青年创作人才（美术、书法、摄影、工艺美术）滚动资助作品首站巡展，同时作为国家艺术基金优秀项目参加 2018 年全国八个重点城市推广巡回展出
2017 《边地光影守望者——皮影戏》参加第三届中国凤凰民俗摄影双年展
《边地光影守望者——皮影戏》参加贵州原生态摄影大展
2016 《边地行走——探索失落的南方丝绸古道》参加"2016 第四届西双版纳国际影像展——一条大河•金孔雀双年展"
《边地行走——探索失落的南方丝绸古道》参加"国家艺术基金 2014 年度创作优秀项目作品"全国二十个城市（南昌、厦门等）巡回展
《边地行走——探索失落的南方丝绸古道》参加"古道留痕•二人摄影联展"，2016 永平"博南文化节"
2014 参加第五届中国东南亚·南亚电视艺术周尼泊尔人文风光摄影展
2010 《探索失落的南方丝绸古道》参加大理国际影会
2009 参加《博联社》平遥摄影展

获奖

2016 《边地行走——探索失落的南方丝绸古道》经验收评审后被国家艺术基金评为 2016 滚动资助项目，被国家艺术基金公益收藏
《边地行走——探索失落的南方丝绸古道》获"第四届西双版纳国际影像展——2016'一条大河•金孔雀双年展"优秀摄影师提名奖
2014 《边地光影守望者》获年云南省"彩云奖"金奖，并两次获得保山市政府奖
《边地行走——探索失落的南方丝绸古道》获文化部 2014 年国家艺术基金摄影美术书法资助项目
2012 《板桥——青龙街往事》获国家文化部"群星奖"银奖云南省"彩云奖"金奖

收藏

2017 摄影作品《边地光影守望者》《古法制糖》被云南省博物馆永久公益收藏
2016 《边地行走——探索失落的南方丝绸古道》大理永平博南古道文化节举办专题个展并永久公益收藏

学术评论

让真实的诗意在影像中得以澄明／

宣宏宇　红河学院美术学院副教授

“真实”是纪实摄影的基本要素，而何谓“真实”却并非一个不言自明的问题。遍布街头巷尾的监控摄像头记录的无疑也都是“真实”，但这类影像除了用于取证之外是不大会有人想要去看的，一如我们时时刻刻都在经历却同时忽略或遗忘的日常生活本身。然而，一但这些平凡的景象定格于纪实摄影师的镜头之下时，则往往会成为感人至深的永恒瞬间。那么，其间究竟发生了些什么呢？

关于“真实”，亚里士多德曾说：“诗比历史更真实。”他认为，诗倾向于表现带普遍性的事，是浓缩了的、精华的历史，这种经过了归纳、演绎的普遍性表述往往比罗列式的历史学叙述更加“可信”，更加“真实”。就此问题，海德格尔作了进一步的解释：“诗歌即是历史。艺术是真理在作品中的创造性保存。它不仅是创造，而且是保存。艺术归根结底是历史性的。艺术不仅通过作品，通过鉴赏、评论、诠释保存历史，它还在时代的变迁中改变历史、矫正历史。”纪实摄影也是艺术，它和诗一样，倾向于从繁杂的现实存在中揭示普遍性的真实，描述完整的行为，有自身的起承转合，是有机的整体。因此，纪实摄影师追求的真实不是浮光掠影的片断，而是用人类自身的真实影像来解释社会，审视人们的看法与行为，反思过去，昭示未来。或者说，纪实摄影所做的就是让真实的诗意在影像中得以澄明。

诗意常常是忧伤的。当范南丹于10年前伫立于澜沧江峡谷的兰津古渡霁虹桥上注视着下游正在蓄水的澜沧江小湾电站时，感觉到的就是一种忧伤：随着水位的上涨，南方丝绸之路的重要节点兰津古渡霁虹桥和保留了六百多年的摩崖石刻都将不复存在……于是，他开始追寻南方丝绸古道的踪迹，用镜头去保存沿途那些即将消逝的遗迹、民俗，以及许多已经发生或正在发生的改变，结果就有了这部呈现南方丝绸古道前世今生的影像史诗。

就视觉形式而言，《边地行走—— 探索失落的南方丝绸古道》中的影像是极不统一的，这种不统一不仅存在于不同的图片之间，而且也常常出现在同一张影像之上，古旧与现代并置，典雅与艳丽交汇，戏剧性与日常性共存等，冲突感贯穿始终。显然，这些冲突感并非是摄影师有意制造的，而是我们这个时代的社会真实存在，一如居伊·德波（Guy Debord）所说的“奇观社会”。当范南丹用影像将这种商品化带来的全球性问题集中暴露出来时，我们惊愕地发现，实际上类似的冲突无所不在，只不过我们都快要习以为常了！

虽然真实总是以真实的方式袒露着，但一经表述便产生了选择的问题，如何用十分有限的影像呈现跨越西南三省并延伸至缅甸的南方丝绸古道，是一个严峻的挑战。对此，范南丹没有采用符号化的概括手法去标识每个地方的通俗形象，而是循着视觉感受与普遍性真实之间的内在张力，点点滴滴地同我们分享他在行走过程中的情感波动，而古道的精神也由此慢慢展开。

从一张成都的俯瞰图开始，我们在司空见惯了的都市灰色里随着范南丹的镜头踏上了诗意的影像之旅：聚光灯下的三星堆青铜面具，在反差极大的黑暗背景下，犹如威严的祖先注视着后世的子孙；文殊坊前、人民公园内祥和的百姓生活，在各种古、今、雅、俗交错的背景衬托下，让人产生一种既熟悉又陌生的感觉；金华庵和蜀锦织绣博物馆里的光影似乎有着同样的肃穆，却又大异其趣；双流和邛崃古镇的景点好像怎么也无法道出雅安荒野里的古迹保有的那份沧桑，而当闲人或算命先生闯入时，古塔和古磨房的表情却又显得如此耐人寻味；荥经的制陶人、甘洛的打铁匠、会理的制秤人、自贡的制盐师傅、永平的赶马人、保山的马鞍制作师、腾冲的纸伞制作师等，出自不同的地方，掌握不同的手艺，却流露着同样的自信与自豪，一种源于传统工匠精神的面貌；难以辨认的古城墙下飞驰的摩托车、保存完好的精美牌坊下的行人、古道集市上混杂的人和马及其他、三苏祠前欢快的广场舞、大佛前虔诚的跪拜、千佛岩前抬着自行车下无尽台阶的路人、茶馆墙壁上莫名的涂鸦、五粮液酒厂里巨大的酒瓶等，一系列超现实的现实魔幻却真切；威宁的彝族传统节庆仪式和赛马活动、宣威的观音会、祥云的新房奠土仪式、弥渡的花灯、巍山的火把节、大理的海灯会等，民俗民风不一而足……每张照片都包含了太多的故事，细细品来，最初的忧伤变得五味杂陈，视觉上的冲突凝聚为沉思，一种关于变迁的沉思。

诚然，变迁是历史的常态，但如何建立人与自然的和谐关系则是需要思索的问题，尤其是在现代文明已经越来越显现出异化倾向的今天。对此，范南丹以摄影师的方式分享他的思考。一万多公里的行程沉淀为169幅（组）影像，它们的数量十分有限，无法记录南方丝绸古道的所有细节，甚至它们中的大多数都不具有概念上的典型性。然而，每一张影像都蕴含着最深刻的真实性，那种诗意层面的真实——经由特殊的视觉形象澄明出来的普遍性。或许，《边地行走——探索失落的南方丝绸古道》并没有提供什么关于“变迁”的解决方案，但它用诗性的影像语言，朴实、安静、温和的记录，让南方丝绸之路的故事娓娓道来，隐隐呈现，提醒我们关心人、关注人、关注人类共同的精神和尊严。

后记 /

照相机是一个教具，教会我在没有照相机的时候如何看这个世界。古老的南方丝绸之路是一个精神载体，承载着关于“路”之外许许多多的传奇故事，南方丝绸之路的故事远比我呈现的照片精彩。拍摄过程中，我一直在思考和追问，自己记录和呈现的影像，究竟记录和传递了多少关于南方丝绸之路的信息，这也是我一次次踏上拍摄之路去寻找、去记录、去表达的真正原因和动因……

摄影艺术的最高境界，就是让你的作品感动人，艺术家追求的就是哲学的永恒命题：我们从哪里来，我们到哪里去，我们究竟如何诞生的思考，这也是所有艺术的最高境界。

感谢文化部国家艺术基金管理中心、云南省艺术研究院、保山市政协南方丝绸之路调研组、保山市文化广播电视新闻出版局、保山日报社给予我拍摄的帮助和支持。

真挚的向石明、许云华、宣宏宇、刘乾坤、毛剑峰、胡群山、赵渝、朱发先、李应周、李枝彩、张继强、字文高、王小川、任沛雄、邱锋、杜小红、毛新安、王华沙、于观明、刘正凡、寸待正、寸待伟（缅甸）等老师和朋友在拍摄过程中给予我的帮助表示感谢并致以崇高的敬意。

感谢各位非物质文化遗产传承人和每一位拍摄对象对我拍摄的协助。

感谢我的父母及家人，是他们鼓励、关爱、支持让我懂得坚持与坚守。

我所拍摄的最后一站缅甸并非南方丝绸古道的终点，它还延伸到更加遥远的印度、阿富汗甚至地中海流域。由于条件所限，我的拍摄结束在缅甸，但这并不影响我追逐记录伟大的南方丝绸古道。摄影是时间的艺术，没有最后的照片，行走古道是我一生最宝贵的记忆和财富，这条路一直在我脚下延伸，我会用摄影的方式一直走下去，愿南方丝绸古道能永远温暖我们的记忆。

范南丹
2018 年 10 月